禪

ZEN

Dados Internacionais de Catalogação na Publicação (CIP)
(Câmara Brasileira do Livro, SP, Brasil)

Watts, Alan
Zen : uma breve introdução / Alan Watts ; com ilustrações do autor ; prefácio de Shinge Roko Sherry Chayat ; tradução de Jeanne Pilli. – Petrópolis, RJ : Vozes, 2022.

Título original : Zen : a shorte introduction.

ISBN 978-65-5713-691-1

1. Budismo – Doutrinas 2. Budismo – História 3. Zen-budismo I. Chayat, Shinge Roko Sherry. II. Título.

22-111537 CDD-294.3927

Índices para catálogo sistemático:
1. Zen-budismo : Religião 294.3927

Eliete Marques da Silva – Bibliotecária – CRB-8/9380

ALAN WATTS

禪 ZEN

UMA BREVE INTRODUÇÃO

Com ilustrações do autor

Prefácio de Shinge Roko Sherry Chayat

Tradução de Jeanne Pilli

EDITORA VOZES

Petrópolis

Publicado pela primeira vez nos Estados Unidos da América por New World Library.

Tradução realizada a partir do original em inglês intitulado *Zen – A Short Introduction*.

Direitos de publicação em língua portuguesa – Brasil:
2022, Editora Vozes Ltda.
Rua Frei Luís, 100
25689-900 Petrópolis, RJ
www.vozes.com.br
Brasil

Diagramação: Sheilandre Desenv. Gráfico
Revisão gráfica: Fernando Sergio Olivetti da Rocha
Capa: Estúdio 483

ISBN 978-65-5713-691-1 (Brasil)
ISBN 978-1-60868-588-2 (Estados Unidos)

Este livro foi composto e impresso pela Editora Vozes Ltda.

Para Ruth Fuller Sasaki

Sumário

Prefácio

Com um título radicalmente simples e direto, *Zen* foi um dos primeiros livros de Alan Watts a intrigar os buscadores espirituais. Esta edição de *Zen*, publicada há cerca de setenta anos após a impressão original de poucas cópias, certamente terá o mesmo efeito em uma nova geração de leitores. Ele oferece uma introdução clara, concisa e informativa a um caminho que inspirou Alan Watts desde muito jovem e continuou a intrigá-lo ao longo de sua vida.

Zen foi publicado na Inglaterra em 1947 sob o título *Zen-budismo: Um novo esboço e introdução*. A edição americana, publicada por James Ladd Delkin, saiu em 1948, mesmo ano da segunda edição de *The Spirit of Zen* de Watts. "Desde que escrevi *The Spirit of Zen*... muitas fontes valiosas de informação sobre a natureza geral do zen tornaram-se disponíveis para mim", escreve Watts em seu prólogo a *Zen*, acrescentando que o novo livro, "embora breve, corrigirá a obra anterior em vários importantes aspectos"[1].

Entre essas "fontes valiosas" estava D.T. Suzuki, bem como o mestre zen Sokei-an Shigetsu Sasaki e sua discípula Ruth Everett, que se tornou esposa de Sasaki em 1944, um ano antes de sua morte. Ruth Everett era a mãe de Eleanor Everett, que se casou com Watts em 1938, dois anos após a primeira edição de *The Spirit of Zen*.

Precoce e intelectualmente aventureiro, Watts mergulhou nos ensinamentos budistas quando

---

1. Cf. p. 19s.

ainda estava no internato na King's School em Canterbury, Inglaterra. Depois de ler *Glimpses of Unfamiliar Japan*, de Lafcadio Hearn, ele tomou emprestado de um amigo *The Creed of Buddha*, de Edmond Holmes, que continha um panfleto escrito por Christmas Humphreys sobre o trabalho do *Buddhist Lodge* em Londres. Tornou-se membro e assinante da revista *The Middle Way*, enviando seu primeiro texto sobre zen para publicação.

Como escreveu Joan Watts, filha de Alan, em *The Collected Letters of Alan Watts*, com base naquele ensaio ele "foi convidado a falar aos membros, que ficaram chocados ao saber que Alan Watts era apenas um rapaz de quinze anos"[2]. Humphreys tornou-se seu mentor e foi através dele que Watts conheceu D.T. Suzuki. Mais ou menos na mesma época, ele trocou cartas com Sokei-an Sasaki, que escreveu ao jovem e brilhante buscador: "É muito difícil julgar a realização última do zen sem se observar a vida cotidiana e sem que seja estabelecido um contato próximo entre o professor e o

2. WATTS, A. *The Collected Letters of Alan Watts*, p. xiii.

discípulo a fim de se ter certeza se a realização é uma mera concepção ou a que advém de se estar realmente em seu centro... Tenho certeza de que você está no caminho do zen e espero que algum dia no futuro nos encontremos"[3].

Essa reunião aconteceu em 1938, quando Watts e sua nova esposa, Eleanor, chegaram aos Estados Unidos. No entanto, o próprio Watts nunca estabeleceu o tipo de conexão com um mestre zen que Sokei-an Sasaki havia recomendado, apesar da longa imersão de sua sogra no treinamento tradicional no Nanzen-ji e anos depois no Daitoku-ji (onde Ruth foi ordenada e nomeada abade do Ryosen-an, um dos subtemplos) e sua associação, junto com Sokei-an, com o Primeiro Instituto Zen em Nova York e Kyoto.

Para o jovem Watts, *Zen* não era apenas uma correção de *The Spirit of Zen*; era uma resposta profundamente pessoal ao que ele via como as deficiências da metafísica ocidental e, em particular, do cristianismo. Enquanto

---

3. Ibid., p. 8.

escrevia *Zen*, Watts se preparava para a ordenação na Igreja Episcopal, trabalhando como capelão e morando na Canterbury House na Universidade Northwestern em Evanston, Illinois, com Eleanor e suas filhas, Joan e Anne.

Com base em várias cartas desse período, fica claro que Watts via seu envolvimento com o cristianismo como um meio de mudar a Igreja a partir de dentro. As revelações de unicidade que ele encontrou no zen eram equivalentes ao que ele considerava a verdade mais importante do cristianismo: o mistério de Deus. Ele equiparou o misticismo do cristianismo à naturalidade do zen; a inefabilidade de Deus com o agora do despertar zen. De fato, em um livro anterior, *The Legacy of Asia and Western Man* (1937), ele havia defendido "um cristianismo reforçado por tudo o que a Ásia (ou seja, o budismo, taoismo, hinduísmo etc.) pode oferecer"[4].

Escrever *Zen* enquanto lidava com todos os rituais e armadilhas do cristianismo ecle-

---

4. Apud WATTS, A. *The Collected Letters of Alan Watts*, p. 254.

siástico deve ter sido encantadoramente secreto. Na época de sua ordenação, ele ficou impaciente com as restrições da Igreja e com o que considerava uma estreiteza insustentável de seus líderes. Dois anos após a publicação de *Zen* nos Estados Unidos, ele apresentou sua renúncia ao Bispo Wallace Conkling, como Joan Watts descreve, "com uma enxurrada de críticas à Igreja"[5]. Ela cita uma carta a seus amigos na qual escreveu: "Durante os últimos anos, continuei meus estudos dos ensinamentos espirituais do Oriente, juntamente com a teologia católica e, embora às vezes tenha duvidado, agora estou totalmente convencido de que a afirmação da Igreja de ser o melhor de todos os caminhos para Deus não é apenas um erro, mas também um sintoma de ansiedade"[6].

Zen apresenta uma visão geral eminentemente acessível dos ensinamentos budistas, demandando a cessação de apegar e rejeitar o dualismo inerente de qualquer fórmula intelectual. Em vez de tentar possuir Deus, ele es-

---

5. Ibid., p. 261.

6. Ibid.

creveu, era necessário permitir que Deus – e a vida – possuíssem você. Para Watts, estar totalmente vivo era a essência do zen; não poderia ser definido. Como transmitir essa essência? Somente por meio de um *insight* direto da natureza da Realidade. Só poderia ser transmitido silenciosamente, como Buda fez segurando uma flor. As palavras sempre e imediatamente levam a conceitos, criando uma divisão intelectual entre o agora da experiência espiritual e qualquer tentativa de defini-la.

No entanto, Watts amava as palavras. Sempre estudioso de religiões comparadas, ele oferece em *Zen* uma breve visão geral dos Upanishads hindus, do budismo Mahayana indiano antigo, do taoismo e do confucionismo chineses, e do desenvolvimento da prática monástica zen na dinastia Tang na China e no Japão, observando que o budismo Mahayana era "um tanto quanto infectado com o desejo caracteristicamente indiano de escapar do mundo da forma, mas que, na China, perdeu esse desejo quase inteiramente"[7]. O budismo Zen,

---

7. Cf. p. 39.

para Watts, era "a síntese do *insight* contemplativo da religião indiana, a dinâmica vivacidade do taoismo e pé no chão do confucionismo"[8].

No processo de escrever *Zen*, Watts estava ciente de quão rapidamente alguém poderia se enredar no dualismo, alertando seus leitores para não formarem "o conceito de uma consciência pura e imutável separada e independente das formas mutáveis de pensamentos e coisas". Ele encorajava o "abandono perpétuo de si mesmo" à Mente pura, "uma identificação desta com suas formas mutáveis que, na linguagem cristã, seria chamada de amor divino". Não é "que tenhamos que fazer a Mente pura realizar esse ato de abandono de si mesmo", observou ele; "isso ocorre por si só o tempo todo, em nós e por meio de nós"[9].

A seção final de *Zen* aborda a ação instantânea por meio do abandono de si mesmo encontrada nas artes zen tradicionais, seja em pinceladas caligráficas ou haiku, arranjos de flores ou jardins de pedra, cerimônia do chá

---

8. Cf. p. 43.

9. Cf. p. 54-55.

ou arco e flecha – e o treinamento profundo e disciplina necessários para que essa ação instantânea seja autêntica.

É notável como, em uma obra tão curta – que ele chamou de seu pequeno livreto – Watts tenha conseguido transmitir os desafios do zen e suas possibilidades de descobertas capazes de transformar vidas. Mais do que um esboço ou visão geral, *Zen* é como um haikai, uma condensação de profundidade que acena para novos entendimentos.

Shinge Roko Sherry Chayat
Abade da Zen Studies Society
Nova York, 2019.

Prólogo

O conteúdo deste ensaio foi publicado pela primeira vez na Inglaterra em 1947 sob o título *Zen Buddhism: A new outline and introduction*. A presente edição americana foi ampliada e revisada com o objetivo de fornecer um esboço atualizado e abrangente do zen-budismo para o número crescente de estudantes de um tema sobre o qual todas as principais obras estão há muito tempo esgotadas. Desde que escrevi *The Spirit of Zen* (Londres, 1936; reimpresso em 1948), muitas fontes valiosas de informações sobre a natureza geral do zen tornaram-se disponíveis para mim, e a presente obra, embora breve, corrigirá a obra anterior em vários importantes aspectos.

Agradeço, como sempre, ao Dr. D.T. Suzuki por suas traduções do material original, responsável pela maior parte das aqui citadas, a menos que indicado de outra forma. Também sou grato por muitas informações gerais sobre o tema ao falecido Sokei-an Sasaki, Abade de Jofuku-in, que viveu e ensinou por muitos anos em Nova York, embora não queira torná-lo responsável por nenhuma das opiniões aqui oferecidas que possam estar equivocadas. Por algumas dessas informações, agradeço também à Sra. Sasaki, que me permitiu ler muitos dos manuscritos de suas palestras e traduções, discutindo-os comigo, embora, pelo mesmo motivo, eu também não deva responsabilizá-la. É um prazer para mim, no entanto, ter a oportunidade de agradecer a todos eles.

No final do livro encontra-se uma bibliografia e uma explicação dos desenhos, símbolos e caracteres chineses usados como títulos dos capítulos.

Alan W. Watts
Canterbury House
Evanston, Illinois, 1948.

Introdução

*N*ão há nada que os homens desejem mais do que a vida – a plenitude da vida, a Realidade em si. De uma forma ou de outra, eles tentam possuí-la de todas as maneiras possíveis, como felicidade, como poder, como alegria, como riqueza, como *insight* espiritual e até mesmo como uma existência simples à qual se agarram com todas as suas forças por medo de que lhes seja tomada. Mas uma coisa é certa: quanto mais você tenta possuir a vida, mais rápido ela escapole e menos você compreende seu mistério. Isso porque a vida em si, seja ela qual for, não pode ser agarrada, seja na forma de matéria, de emoção ou de pensamento. No momento em que você tenta segurá-la de uma forma fixa, você a perde. A água tirada de um riacho não é mais água viva, pois já não flui. Isso é o que o Buda quis explicar ao dizer que a causa de toda a angústia humana era *trishna* ou anseio egoísta, porque *trishna* é a tentativa de agarrar a vida sob alguma forma, mais especialmente sob a forma da própria existência pessoal. O homem só pode se tornar vivo no sentido mais pleno quando não tenta mais agarrar a vida, quando liberta sua própria vida do estrangulamento da possessividade, para que ela possa se libertar e ser o que é.

Na prática, quase todas as religiões são tentativas de apreender o mistério da vida por meio de uma fórmula intelectual ou de uma experiência emocional. Onde quer que seja encontrada, a religião superior envolve a descoberta de que isso não pode ser feito e que, portanto, o homem deve relaxar as garras amedrontadas que mantém sobre a vida ou sobre Deus e permitir que ela o possua como, de fato, faz o tempo todo, quer saiba disso ou não. O zen-budismo é um raro exemplo desse tipo de religião superior e, justo porque a palavra "zen" indica esse estado espiritual de plena vivacidade e livre de fixações, é realmente impossível definir o zen. No entanto, o zen tem uma história filosófica e religiosa que pode nos conduzir a alguma sugestão de significado.

Como forma específica de budismo, o zen foi encontrado pela primeira vez na China, sendo a versão peculiarmente chinesa um tipo de budismo que, de acordo com a tradição, foi trazido da Índia pelo sábio Bodhidharma por volta do ano 527 d.C. O budismo de Bodhidharma era uma variedade da escola Mahayana, o budismo do norte da Índia, que deve ser distinguido da escola Hinayana ou budismo do sul, atualmente predominante no Ceilão, Birmânia e Sião. Este último se baseia nos ensinamentos do Buda preservados nas escrituras no idioma pali, enquanto o primeiro reconhece, além destas, certas escrituras sânscritas de data supostamente posterior, de caráter profundamente metafísico.

A variedade Mahayana de Bodhidharma era conhecida como budismo Dhyana, pronunciado "Ch'an" em chinês e "Zen" em japonês, e embora o equivalente em inglês mais próximo de "Dhyana" seja "contemplação", este termo adquiriu uma conotação estática e até onírica bastante estranha para Dhyana. Dhyana, Ch'an ou Zen significa um *insight* direto da natureza da Realidade ou da vida. Na China, o Budismo Dhyana foi fortemente influenciado pelo taoismo e pelo confucionismo e, sob a influência da mentalidade prática dos chineses, emergiu no século VII d.C. como o zen que conhecemos hoje. O desenvolvimento dessa forma distintamente chinesa de Dhyana foi em grande parte obra de Hui-neng (ou Weilang), autor de *Tan-ching* ou *Plataform Sutra*, um de seus textos mais respeitados. De 713, quando Hui-neng morreu, até o final do século XIII, o zen floresceu amplamente na China e exerceu um efeito profundo em todos os ramos da arte e da cultura. Ei-sai levou o zen para o Japão em 1191, onde pode ser encontrado até hoje em sua forma mais vital e onde, também, teve um efeito extremamente amplo na cultura nacional[10].

Em resumo, o zen se constituiu da seguinte maneira. Gautama Siddhartha se tornou o Buda, o Iluminado, como resultado de uma profunda experiência espiritual, um conhecimento direto da Realidade, que ele obteve enquanto meditava sob a famosa árvore Bodhi perto de Gaya, no norte da Índia. Este conhecimento, por ser inefável, jamais poderia ser colocado em palavras, e todos os ensinamentos orais do Buda eram simplesmente uma indicação ou sugestão de sua natureza, um mero artifício (upaya) para despertar os homens para o

---

10. Um relato um tanto diferente da história do zen na China é dado por Hu Shih em "The Development of Zen Buddhism in China" (*Chinese Political and Social Review*, vol. 15, n. 4, jan. 1932). Sua origem remonta a Tao-seng (434), discípulo de uma escola de intérpretes taoistas de yoga representada por Hui-yuan (416) e Tao-an (385). De acordo com Hu Shih, Bodhidharma chegou a Cantão já em 470, mas, mesmo assim, descobriu que a escola Dhyana de Tao-seng já existia. O relato dado acima está de acordo com Suzuki em sua obra *Essays in Zen Buddhism*, vol. 1, mas no momento não há material suficiente disponível para permitir ao aluno ocidental decidir entre Suzuki e Hu Shih. O relato de Suzuki está de acordo com a versão oficial da escola zen.

verdadeiro *insight*. O conhecimento em si foi, entretanto, direta e misteriosamente transmitido a Mahakasyapa, o principal discípulo do Buda, em uma ocasião em que, em vez de pregar um sermão, o Buda silenciosamente ergueu uma flor diante de seus discípulos. Todos ficaram perplexos, exceto Mahakasyapa, cujo sorriso de satisfação fez com que seu mestre reconhecesse: "Eu tenho o tesouro mais precioso, espiritual e transcendental que, neste momento, eu entrego a você, ó venerável Mahakasyapa!" A tradição afirma que esse conhecimento foi transmitido de Mahakasyapa por meio de uma linhagem de patriarcas a Bodhidharma, que o levou para a China, onde continuou a ser passado de professor para professor. Como esse conhecimento nunca poderia ser posto em palavras, o zen não se apoia em escrituras, embora possa usá-las como apoio. Palavras não podem transmiti-lo, assim como não se pode descrever cores para um cego. Assim, o zen é resumido da seguinte maneira:

> Uma transmissão especial [de *insight*] que está além das escrituras; sem depender de palavras e letras;

aponta diretamente a alma do homem;
Vê dentro da própria natureza do ser.

Para entender o zen de forma adequada, no entanto, devemos compreender que ele é o fruto e a síntese das tendências mais importantes das religiões indiana e chinesa.

ओं

As bases na religião indiana

A religião indiana sempre foi caracterizada pela busca por "Aquele Algo Único, conhecimento pelo qual conheceremos tudo o mais". Nos Upanishads, esse "Algo Único" é denominado Brahman, a Realidade absoluta do universo além de todos os opostos. Todas as coisas e experiências comuns têm opostos; a vida se opõe à morte, o prazer à dor, a alegria à tristeza, a luz às trevas. Esses opostos são necessários uns aos outros e, assim, a vida é sempre limitada pela morte e a alegria pela tristeza. Mas a Realidade em si não tem oposto; é advaita, não dual, e a alma do homem só é libertada da morte e da tristeza ao compreender sua identidade com base na Realidade. Os Upanishads ensinaram que Brahman é a verdadeira natureza de nós mesmos e de todas as coisas. Não ter essa realização é ignorância (avidya) e infelicidade, mas ter essa compreensão é o verdadeiro conhecimento (vidya) e a felicidade transcendental que é eterna porque, por mais estranho que pareça, ela também não tem oposto. Assim, a religião dos Upanishads era mais ou menos monística, acreditando que todas as formas e objetos eram, de fato, manifestações do Absoluto Único.

O budismo indiano antigo também buscou essa Realidade, mas sua forma de abordá-la era puramente psicológica. O Buda sentiu que a especulação filosófica sobre a Realidade era uma perda de tempo, que poderia até mesmo constituir um obstáculo. A Realidade, ou o Nirvana, estava além de qualquer definição, e nada tinha importância, exceto uma experiência imediata e íntima da Realidade, e isso só poderia ser obtido livrando-se de *trishna*. A realidade está aqui e agora, mas está ocultada pelas tentativas de fixá-la desta ou daquela forma.

O budismo indiano posterior, ou seja, o Mahayana, vinculou a abordagem psicológica do budismo antigo à tradição metafísica dos Upanishads. Mas enquanto os Upanishads descreviam a Realidade não dual como o "Algo Único", o Mahayana achava esse termo enganoso. Único se opõe a Muitos e a Nenhum, razão pela qual a Realidade deve transcender até mesmo a unidade. O Mahayana foi além do monismo e, certamente, além de qualquer traço do que o panteísmo spinozista tantas vezes e, pode-se dizer, erroneamente, atribuiu aos Upanishads. Dizer que todas as coisas são uma é reduzir tudo a algo que ainda carece de não dualidade, pois, como vimos, a unicidade tem um oposto e, portanto, não pode ser o Absoluto. Além disso, a própria afirmação "Todas as coisas são Realidade" contém uma oposição implícita entre "todas as coisas" e "Realidade". Ao fazer tal afirmação estamos unindo duas coisas que não precisam de união. Elas já são unidas, e tentar criar a união em pensamento ou sentimento é sugerir a si mesmo que ela ainda não existe. O Nirvana (o estado da Realidade) é Samsara (o estado da vida comum) e o próprio ato de tentar compreendê-los como um implica que não o são. Em todo caso, a Realidade não é uma; ela é não dual e não tem oposto algum.

Portanto, o Mahayana falou da Realidade como Tathata, ou Talidade, e como Sunyata, ou o Vazio, considerado não como mero vazio, mas como "vacuidade sólida" ("*solid emptiness*"). Sunyata se assemelha a uma bola de cristal, que é visível aos nossos olhos apenas por meio do que reflete. Se você a segurar diante de uma rua movimentada, dentro dela haverá uma rua movimentada. Se a segurar diante do céu vazio, parecerá não haver nada nela, mas apenas porque está refletindo o vazio do céu. Sua verdadeira natureza permanece desconhecida. À medida que a bola de cristal reflete imagens, a multiplicidade de universos surge espontaneamente a partir de Sunyata. Não há nada ali, mas tudo surge a partir de Sunyata. Sunyata inclui tudo; por não ter oposto, não há nada que exclua ou ao que se oponha. Esta era uma teoria filosófica que expressava um estado espiritual e psicológico – o estado de não fixação ou estado livre de *trishna*. Pensar, perceber e sentir a Realidade é vacuidade, pois não é possível agarrá-la ou mantê-la em nenhuma forma fixa. Mas é um vazio vivo porque todas as formas surgem dele, e aquele que o realiza está preenchido da vida e do poder do amor dos bodisatvas (*karuna*)[11] por todos os seres.

De um ponto de vista um pouco mais psicológico, Sunyata também é considerada a base da consciência humana – a "essência da Mente", o eu supraindividual, no qual todos os nossos vários estados de consciência, nossos pensamentos, emoções e sensações têm existência, como imagens produzidas espontaneamente em um espelho. Essa produção de imagens é considerada lúdica em vez de intencional, como se, no ato da "criação", a Realidade estivesse simplesmente se divertindo – uma ideia

11. *Karuna* é o equivalente moral da inclusão de todos os seres.

que lembra a visão hindu do universo como *lila*, a dança lúdica de Deus. Assim, o Mahayana considera a Realidade sob três aspectos que, de certa forma, semelhante às Pessoas da Trindade Cristã são, em essência, um: Dharmakaya, que é Sunyata puro e indiferenciado; Sambhogakaya, que é o princípio criativo do prazer, *lila*; e Nirmanakaya, que é o universo manifesto resultante.

道

As bases na religião chinesa

Embora o zen tenha extraído sua abordagem da religião altamente prática do confucionismo, na verdade foi mais profundamente influenciado pelo taoismo, conforme ensinado por Lao-tzu (século VI a.C.) e Chuang-tzu (século III a.C.). No taoismo, a Realidade é denominada Tao, outra palavra que não pode ser traduzida, mas que tem, no entanto, uma conotação bastante mais dinâmica do que

Brahman, Tathata ou Sunyata. Tao é a vida considerada uma *força que flui*, como o vento, ou um riacho, ou o momento presente. Algumas vezes é traduzido como "o caminho das coisas" ou como o Logos. Diz-se que uma pessoa que realizou a união com o Tao está em um estado de Te, ou "graça", enquanto o método de realização é chamado Wu-wei (não afirmação), que é muito semelhante à ideia budista de abrir mão – *trishna*. Como no budismo, todos os males são atribuídos à autoafirmação do homem, sua ânsia de possuir a vida em formas fixas. Mas se ele for capaz de compreender que é um com o Tao, a plenitude da vida, ele deixará de querer possuir coisas e, portanto, estará livre do mal. Se o homem parar de se autoafirmar e abrir mão da vida, o Tao terá a chance de operar livremente dentro dele. Sua vida não será vivida por seu ego, mas por Tao.

Enquanto a religião indiana tinha como objetivo a realização da identidade do homem com Brahman ou Tathata, da união inerente de aparência e Realidade, Samsara e Nirvana, a religião chinesa tomou como seu objeto a harmonia com o Tao. Para a religião indiana, o resultado dessa compreensão era o homem ter sido libertado do reino dos opostos, isto é, da vida e da morte como as conhecemos. Sua consciência passou do estado de manifestação para o estado de Realidade absoluta. A religião chinesa não tinha tanta pressa em separar a consciência da vida cotidiana. O homem estava em harmonia com o Tao aqui e agora, em plena posse de sua consciência cotidiana comum de pessoas e coisas. Em princípio, o budismo Mahayana concordava com o taoismo a esse respeito, pois, ao insistir que não havia diferença real entre o Nirvana e o Samsara, a ideia de passar de um para o outro não era possível. O Mahayana era, no entanto, de alguma maneira, contaminado pelo desejo caracteristicamente indiano de escapar do mundo da forma, mas na China esse desejo foi perdido quase por completo. Tornou-se uma religião transformadora em vez de uma religião que desejava escapar do mundo.

Apesar das diferenças superficiais, veremos que essas duas tendências das religiões indiana e chinesa têm uma essência comum. A religião hindu-budista descobriu a Realidade essencial da vida por meio do desapego de suas formas particulares, auxiliada pela prática da meditação. O taoismo descobriu a harmonia essencial da vida cotidiana com o Tao, abrindo mão dessa vida e libertando-a para que fosse ela mesma.

Ambos os procedimentos são baseados em uma fé ou confiança comum, isto é, que esta vida cotidiana é a Realidade, que todas as coisas estão em harmonia com o Tao e que, portanto, isso ficará claro se você simplesmente se livrar desse comichão possessivo. Tentar atingir a união com a Realidade pela ação ou pela inação (que é simplesmente uma forma indireta de ação) é sugerir que você ainda não tem essa união. Não há nada a ser alcançado. A união simplesmente é; Samsara é Nirvana. O esforço para alcançar algo é apenas outra manifestação daquele desejo aquisitivo que surge da falta de confiança no único fato supremo. Nas palavras de Hsi-yun:

> A própria busca produz o efeito contrário de perdê-la, pois é como usar

o Buda para buscar o Buda e usar a mente para apreender a mente. Mesmo que se esforcem ao máximo durante todo um kalpa [eon], eles não serão capazes de alcançá-la... Se considerarem que há algo a ser alcançado além da mente e, portanto, a mente for usada nessa busca, [isso implica] falhar em compreender que a mente e o objeto de sua busca são um[12].

12. *The Huang Po doctrine of universal mind*. Londres, 1947, p. 16 e 24. O termo "mente" conforme utilizado aqui é a base da consciência ou a essência da mente que, como explicado acima, é idêntico a Sunyata.

A tão importante harmonia

Historicamente, o zen é a corporificação da verdade comum contida na tradição hindu-budista e na tradição taoista, a síntese da visão contemplativa da religião indiana, a vivacidade dinâmica do taoismo e a realidade do confucionismo. O zen está fundamentado precisamente nessa fé ou confiança de que a vida comum é o Tao e deve ser aceita ou amada como tal. Certa vez, perguntaram ao mestre zen Chao-chu: "O que é o Tao?" Ele respondeu: "A vida cotidiana é o Tao". "Como se entra em harmonia com ele?", prosseguiu o inquiridor. "Se tentar entrar em harmonia, você se afastará dele". A tentativa sugere a ausência da Realidade e procede da falta de fé na verdade de que a harmonia já está presente. A falta de fé nessa harmonia cria a sensação de inadequação e de insegurança que está por trás de todas as nossas ações agressivas e perversas.

Mas o zen é mais do que uma síntese dessas várias tendências nas religiões indiana e chinesa. A contribuição singular do zen para a religião superior é seu método de apresentar a verdade, um método que envolve "Não depender de palavras e letras e apontar diretamente para a alma do homem" – isto é, para o Tao, a natureza de Buda ou a Realidade em si.

Ideias e conceitos muito facilmente ocultam em vez de revelarem a Realidade. Por essa razão, os mestres zen dizem que as ideias são dedos apontando para a lua da Realidade, mas que a maioria das pessoas confunde o dedo com a lua. Além disso, já vimos que é totalmente impossível que as ideias descrevam ou transmitam a verdade mais profunda da vida, uma vez que as ideias são formas e a Realidade é muito viva para ser contida em qualquer forma. O zen, portanto, não consiste em adquirir novas ideias sobre a Realidade e sobre nossa relação com ela; consiste em nos livrarmos de ideias e sentimentos sobre a vida para que possamos acessar a vida em si. A afirmação de que a vida comum é o Tao, ou de que somos um com a Realidade assim como somos, aqui e agora, ainda é uma ideia e, enquanto continuar sendo uma ideia, ainda será uma tentativa de capturar a verdade viva como uma fórmula fixa. Para realmente compreender o zen, temos que nos afastar desse reino abstrato e morto de conceitos e nos colocar frente a frente com a Realidade enquanto ela se apresenta claramente diante de nós aqui e agora.

Existe apenas um lugar onde estamos verdadeiramente vivos, onde entramos em contato direto com a Realidade, e esse lugar é o agora – este momento presente. O passado só era real quando era o momento presente, e o futuro só será real quando se tornar o momento presente. O passado continua a ser real enquanto continuar vivendo efetivamente no presente. Mas a vida real é sempre o agora. Na verdade, não temos conhecimento de nenhuma outra realidade que não o momento presente e, estritamente falando, nada tem existência exceto neste momento. No entanto, o que chamamos de momento presente é estranhamente elusivo. No instante em que tentamos segurá-lo, ele parece fugir. Não conseguimos adiá-lo nem o reter em nenhuma das formas que assume ou contém. Temos momentos de prazer e momentos de dor, mas quando tentamos agarrar o momento de prazer, o momento, o movimento, a vida deixa o prazer e vira pó em nossas mãos. Da mesma forma, quando tentamos examinar o momento, não conseguimos descobri-lo, pois é curto demais para ser visto. Quanto mais o procuramos, mais minúsculo se torna, até percebermos que é infinitesimal e, portanto, infinito.

No entanto, por mais que tentemos adiar ou apreender o momento, permanece o fato de que, se por um lado ele nos escapa, por outro, não podemos fugir dele. Podemos tentar nos demorar no passado ou nos apressar para o futuro, mas inevitavelmente nos atrasamos ou nos apressamos no momento presente. Assim que compreendemos que o momento é, na realidade, inevitável, não devemos mais tentar apreendê-lo, pois, quer saibamos ou não, ele nos alcança. Por agora, este momento presente é a Realidade. Todas as coisas procedem dele e existem nele, mas, quando olhamos diretamente para ele, parece não haver nada. O agora é o Tao, e o Tao é o agora, e mesmo que façamos de tudo para possuí-lo, ainda somos incapazes de escapar dele. Nossa união com a Realidade é a verdade, quer compreendamos ou não, quer nos esforcemos para alcançá-la ou não.

Mas dizer que o agora é o Tao, ou é a Realidade, imediatamente introduz um conceito que, por mais útil que seja por algum tempo, distrai instantaneamente nossa atenção do real agora. Em um único instante, nossa religião se torna morta e arrancada da vida, pois embora este agora, este momento eterno, pareça tão vazio e tão desinteressante para os sentidos e pensamentos, ele é, na verdade, a fonte misteriosa de toda vivacidade e poder. A genialidade do zen está em sua maneira de apontar para o real agora sem distrair a atenção com conceitos. Mas a mente humana, por sua natureza inerentemente possessiva, abandona os conceitos com extrema relutância, razão pela qual o zen às vezes precisa atacá-los e esmagá-los violentamente. Assim, sua técnica costuma ter a aparência de táticas de choque espiritual.

Apontando diretamente

A maneira zen de ensinar é demonstrando a Realidade, em vez de falar sobre ela, ou, quando se usa palavras, evita-se uma terminologia formalmente religiosa e afirmações conceituais. Quando o zen fala, ele expressa a Realidade, não com explicações lógicas e doutrinas, mas por meio de conversas cotidianas ou de afirmações que abalam o modo conceitual normal de pensar violentamente, parecem um total absurdo. O zen emprega uma iconoclastia completa, porque deseja se livrar dos conceitos, quer despedaçar as estruturas rígidas com as quais tentamos nos apossar da vida. Ao mesmo tempo, o zen, como um culto religioso formal, lê as escrituras, utiliza imagens e cerimônias e, algumas vezes, cede o suficiente para incluir sermões e explanações. Mas é exatamente a preservação desse aspecto formal da religião que faz com que o informal e o iconoclasta sejam um contraste tão intrigante e eficaz, uma verdade que os reformadores e iconoclastas ocidentais nunca apreciaram.

A maior parte da literatura zen consiste no *mondo*, que são breves diálogos entre mestres e alunos, que ilustram seu método peculiar de ensino, apontando para o real agora sem interpor ideias e noções sobre ele. Aqui, por exemplo, está a maneira como o zen lida com o problema da não dualidade, sobre o qual o budismo indiano compôs tantos livros de explicações intrincadas.

> Um monge perguntou a Dosan: "Como escapamos do calor quando chega o verão e do frio quando chega o inverno?"
> O mestre disse: "Por que não ir onde não há verão nem inverno?"

"Onde fica esse lugar?"

"Quando a estação fria chega, sente-se o frio inteiramente; quando chega o verão quente, sente-se o calor escaldante."

Quanto a escapar do Samsara, o mundo dos opostos e da consciência cotidiana, para o Nirvana, o reino da absoluta unidade e paz, o zen diz o seguinte:

Certa vez, perguntaram a Bokuju: "Temos que nos vestir e comer todos os dias. Como podemos escapar de tudo isso?"

O mestre respondeu: "Nós nos vestimos; nós comemos".

"Eu não entendo."

"Se você não entende, vista suas roupas e coma sua comida."

Ou ainda:

"Eu suplico, mostre-me o caminho para a libertação."

"Quem alguma vez o colocou em um cativeiro?"

"Ninguém."

"Então, por que pede a libertação?"

Há um outro mestre que lida com essa questão de forma bem mais explícita, mas devemos ter cuidado para que ele não nos engane:

> Perguntaram a Hui-hai: “Como podemos atingir o Grande Nirvana?”
> “Não tendo carma que conduza à transmigração”[13].
> “Qual é o carma que conduz à transmigração?”
> “Buscar o Grande Nirvana, abandonar o que é contaminado e buscar o que é imaculado, afirmar que há algo que possa ser alcançado e algo que possa ser realizado, não ser livre dos ensinamentos dos opostos – este é o carma que conduz à transmigração.”
> “Como podemos ser liberados?”
> “Nunca houve prisão, então para que buscar a liberação? Aja como desejar, prossiga de acordo com o que sentir – sem pensar duas vezes. Este é o caminho incomparável.”

No entanto, a observação final de Hui-hai não deve dar a impressão de que o zen é apenas viver no presente de forma preguiçosa e tola e levar a vida de qualquer jeito. Se essa for a fórmula usada para apreender a realidade do

---

13. Carma (literalmente, ação) é a lei da causalidade, e assim a frase “carma que conduz à transmigração” significa o tipo de ação que tem o efeito de prender o agente ao Samsara, onde, de acordo com a crença budista geral, o homem nasce de novo e de novo até que ele atinja o Nirvana.

zen, ele nada será compreendido. Perguntaram a um mestre: "O que é o Tao?" "Siga adiante!", ele gritou. Portanto, sempre que você achar que conseguiu ter uma ideia correta do que é o zen, abandone-a e siga em frente.

Mais e mais veremos que a essência do zen é simplesmente desistir de qualquer tentativa de apreender a vida sob a forma de ideias ou emoções. Trata-se de aceitar completamente a vida e de experienciá-la tal como é, a cada momento; o que, quer saibamos ou não, é precisamente o que nossa consciência básica, semelhante ao espelho, está fazendo o tempo todo.

Paixão, raiva, euforia, depressão, ideias sobre o bem e o mal, meu e seu – essas são formas variadas que nossos sentimentos e pensamentos assumem, enquanto a essência da Mente, a consciência essencial, é sempre sem forma, livre e pura. "O homem perfeito", disse Chuang-tzu, "emprega sua mente como um espelho; não agarra nada, não recusa nada, recebe, mas não retém".

Ao mesmo tempo, isso não deve nos levar a formar o conceito de uma consciência pura e imutável separada e independente das formas mutáveis de pensamentos e coisas. A questão não é rejeitar os fenômenos e se agarrar ao Absoluto, porque a própria natureza do Absoluto, da Mente essencial, é o não agarrar.

Assim que concebemos um Eu sem forma ou uma mente-essência subjacente e distinta dos conteúdos mutáveis da experiência, estamos negando a própria natureza desse Eu. Sua natureza não é se separar de nada, não é se desconectar da experiência, mas aceitar e se identificar com ela. Sua própria vida e poder consistem em um abandono perpétuo de si às suas experiências variadas, uma identificação de si mesmo com suas formas mutáveis que, na linguagem cristã, seria chamada de amor divino. Tampouco deve-se pensar que temos que fazer a Mente pura realizar esse ato de abandono de si; ela o faz, por si só, o tempo todo, em nós e através de nós, quer desejemos ou não.

É por isso, então, que Hui-neng constantemente insistia que a única diferença entre um homem comum e um Buda, um ser iluminado, é que este sabe que é um Buda, enquanto o primeiro não. Quando perguntado "O que é iluminação?", um mestre respondeu: "Sua mente cotidiana". "Quando um pensamento se move", escreveu Kaku-an, "outro se segue, e depois outro – uma sequência interminável de pensamentos é assim despertada. Através da iluminação, tudo isso se transforma em verdade". Na realidade, a consciência iluminada não é diferente da nossa consciência cotidiana comum; buscá-la como algo além e acima da nossa mente, tal qual é neste momento, é estabelecer instantaneamente um dualismo. Nós afastamos a realização de nós no próprio ato de considerá-la como algo a ser alcançado. Este aparente paradoxo é apropriadamente expresso por Ma-tsu:

> No Tao, não há nada que possa ser tomado como disciplina. Se houver alguma disciplina, a consumação dessa disciplina significa a destruição do Tao. Mas se não houver disciplina alguma no Tao, continuaremos sendo ignorantes.

É apenas buscando a iluminação que descobrimos que não há necessidade de buscá-la. E ele prossegue:

> Um pensamento segue outro sem interrupção; o precedente não espera pelo sucessivo; cada um deles é autônomo e quiescente. Isso é chamado de "Meditação do Selo do Oceano", na qual estão incluídas todas as coisas, como o oceano onde todos os rios deságuam, por mais diferentes que sejam em tamanho[14].

Quer saibamos ou não, o "oceano" de consciência pura aceita perfeitamente o fluxo dos nossos pensamentos e impressões o tempo todo. A cada instante estamos em completa harmonia com o Tao, mas uma aparente dissonância surge quando, por meio do uso incorreto da memória e da antecipação, permitimos que experiências passadas e futuras entrem em conflito com o presente. Nas palavras de Emerson:

> Essas rosas sob minha janela não fazem referência a rosas antigas ou melhores; elas são o que são; elas existem com Deus hoje. Não existe tempo para elas. A rosa existe, simplesmente; é perfeita em todos os momentos

---

14. SUZUKI, D.T. *Manual of Zen Buddhism*, p. 126-127.

> de sua existência... Mas o homem adia ou recorda; ele não vive no presente, mas com os olhos revirados ele lamenta o passado ou, sem se importar com as riquezas que o cercam, fica na ponta dos pés para prever o futuro. Ele não conseguirá ser feliz e forte até que também viva com a natureza no presente, acima do tempo[15].

Mas entre a harmonia inconsciente da rosa e a harmonia consciente do homem perfeito está a ilusão da consciência da existência do eu, separação e discórdia, em que lutamos cegamente por aquilo que na verdade nunca perdemos. No entanto, isso em si não é uma perda verdadeira do Tao mais do que o desaparecimento da rosa no inverno é uma violação de sua vida natural e adequada. A flor é esquecida e a semente é enterrada. "A menos que um grão de milho caia na terra e morra", disse Jesus, "seguirá sendo um só; mas se morrer, dará muitos frutos". No desenvolvimento espiritual deve haver sempre o estágio intermediário em que, pela perda aparente, pela busca e pelo es-

---

15. *Essays*, First Series. "Self-Reliance".

forço, nos tornamos conscientes da harmonia que sempre possuímos inconscientemente, o tempo todo.

> Antes de um homem estudar o zen, para ele as montanhas são montanhas e as águas são águas; depois de obter *insights* sobre a verdade do zen por meio da instrução de um bom mestre, as montanhas para ele não são montanhas e as águas não são águas; mas depois disso, quando ele realmente atinge a morada do descanso, as montanhas novamente são montanhas e as águas novamente são águas[16].

O ignorante, o homem primitivo "simples", aceita a vida pelo que ela é, tal como ela se apresenta. O "buscador", entretanto, busca o Deus, a Realidade, a consciência absoluta e eterna por trás da vida, considerando as imagens da experiência comum como uma ilusão que o distrai. Mas o homem perfeito, conscientemente unido ao Tao, novamente aceita a vida exatamente como ela é.

---

16. Ch'ing-yuan. In: SUZUKI, D.T. *Essays in Zen Buddhism*, vol. 1, p. 12.

> T'an perguntou a um aluno: "O que você era antes de se tornar um monge?"
> "Eu costumava ser um vaqueiro."
> "Como você cuidava do gado?"
> "Eu saía com os animais de manhã cedo e voltava para casa quando escurecia."
> "Esplêndida é a sua ignorância!"

Zen é liberdade espiritual ou pobreza espiritual, ou seja, a liberação de nossa verdadeira natureza (natureza de Buda ou essência da Mente) do fardo de ideias e sentimentos fixos sobre a Realidade que acumulamos por medo – medo de que a vida nos escape. "Os estudiosos", disse Lao-tzu, "ganham a cada dia; mas os taoistas perdem todos os dias". Ou nas palavras de Jesus: "Bem-aventurados os pobres de espírito porque deles é o Reino dos Céus... Bem-aventurados os puros [isto é, nus e livres] de coração, porque eles verão a Deus". Tal pobreza e liberdade são expressas neste poema do Mumon-kan[17]:

17. O *Mumon-kan* (chinês, Wu-men Kwan) ou "No Gate Barrier" é uma coleção padrão de *mondo* com breves comentários e poemas sobre cada um deles. No verso aqui citado "pensamentos ociosos" são conceitos fixos.

> Centenas de flores de primavera; a lua de outono;
> Uma brisa fresca de verão; neve de inverno:
> Liberte sua mente de pensamentos ociosos,
> E para você qualquer estação será uma boa estação.

Mas, novamente, devemos "seguir em frente" até mesmo a partir da pobreza espiritual, se isso for usado como um meio para compreender a verdade do zen. Perguntaram a Chao-chu: "O que você diria a alguém que vem até você sem nada?" "Jogue fora!"

Esses *mondo* podem parecer intrigantes para os não iniciados, mas, na verdade, não há nada de obscuro ou secreto a respeito deles. A verdade que eles indicam é de uma simplicidade e de uma autoevidência tão radicais que nossas mentes complexas e sobrecarregadas têm dificuldade em ver.

> É tão claro que leva tempo para se ver.
> Você precisa saber que o fogo que está buscando
> É o fogo do seu próprio lampião,

> E é onde seu arroz tem sido cozido
> Desde o início[18].

Ou, como Pai-chang disse quando questionado sobre como encontrar a Realidade, "É muito parecido com procurar um boi quando está montado nele".

> Kozankoku, um confucionista, foi a Kwaido para perguntar sobre os ensinamentos ocultos do zen. Kwaido disse: "Há uma passagem no texto com a qual você está muito familiarizado, que descreve o ensinamento do zen de forma bastante apropriada. Como declarou Confúcio: 'Vocês pensam que estou escondendo algo de vocês, ó discípulos meus? Na verdade, eu não escondi nada de vocês'". Kozankoku não conseguia entender e em vão pressionou o mestre por uma explicação adicional. Mas, mais tarde, quando estavam caminhando juntos nas montanhas, eles passaram por um arbusto de louro selvagem.
> "Você sente esse cheiro?", perguntou Kwaido.
> "Sim."
> "Aí está, não escondi nada de você!"

---

18. Mumon-kan, VII. Sou grato ao Ven. Sokei-an Sasaki, falecido abade de Jofuku-in, por esta tradução.

Seria fatal, entretanto, interpretar isso em um sentido sentimentalmente panteísta, como se Kwaido estivesse dizendo que o cheiro do louro selvagem é o Tao. Não há tal conceitualismo aqui. Panteísmo, deísmo, teísmo, monismo, dualismo – todas essas são formas intelectuais que falharão em apreender a Realidade viva. Mas, quando isso tiver sido completamente compreendido, as formas intelectuais poderão ser usadas novamente sem aprisionar a mente.

Estritamente falando, o zen não tem um método para despertar nossas mentes para a Realidade, a não ser que possamos chamar de "método do não método". Um método, uma técnica para desvendar a Realidade implica uma tentativa de apreendê-la, e isso, de acordo com o zen, é tão enganoso e desnecessário quanto "colocar pernas em uma cobra" ou "adicionar gelo sobre a neve". Nas palavras de Lin-chi:

> O verdadeiro homem que tem um *insight* sobre a Realidade... se entrega a todos os tipos de situações em que se encontra em obediência ao seu carma passado. Ele usa todas as roupas que estão prontas para ele vestir.

Como é desejado que ele se mova ou se sente quieto, ele se move ou se senta. Ele não pensa em correr atrás do estado búdico. Ele é livre desses anseios. Por que isso acontece com ele? Como disse um velho sábio: "Quando o Buda é procurado, ele é a causa da transmigração"[19].

---

19. SUZUKI, D.T. *Essays in Zen Buddhism*, vol. iii, p. 32-33. Uma tradução livre do original em chinês. Estado búdico é o estado de iluminação ou despertar, ou o conhecimento direto da Realidade. Buda é frequentemente usado como sinônimo de Realidade.

無心

Meditação zen

Enquanto, de um ponto de vista, o zen não tem método, de outro, ele tem uma técnica de meditação bem definida. É neste contexto de técnica definida que o "método do não método" tem seu valor como um surpreendente contraste. O sucesso do zen está em sua liberdade de usar a técnica e de livrar-se dela; não está limitado a nenhum procedimento rígido. A forma de meditação zen, conhecida como za-zen, é o resultado de um longo processo de desenvolvimento.

O zen sempre foi uma religião semimonástica, embora os monges zen não façam votos vitalícios, porque muitos deles permanecem no mosteiro apenas por um período de treinamento antes de voltar ao mundo como sacerdotes seculares ou leigos. Em alguns aspectos, essas instituições se assemelham aos nossos seminários teológicos, em vez de mosteiros em sentido estrito. Originalmente, os "mosteiros" zen eram pequenos grupos de monges reunidos em torno de um *roshi* ou mestre ordenado, que os tratavam de maneira relativamente informal e espontânea. Os primeiros *mondo* são simplesmente registros da vida diária e dos ensinamentos dessas comunidades simples. Em pouco tempo, entretanto, esses *mondo* foram coletados e alguns deles foram usados como koans formais, ou temas para meditação. Os monges dedicavam parte de seu tempo à meditação e outra parte ao trabalho manual de apoio à comunidade, um modo de vida semelhante à regra de São Bento.

Na meditação, o monge se senta com as pernas cruzadas na "postura de lótus" (*padmasana*) e, por meio da respiração lenta e rítmica, conduz sua mente a um estado calmo e livre de ideias. Ele então toma seu *koan* e deixa cair em sua mente como uma pedra em um lago calmo e, depois, simplesmente observa seu efeito. Dentre os koans famosos estão: "Antes de pai e mãe, qual é a sua verdadeira natureza?" ou, poderíamos dizer, "Além de tempo e espaço, o que é a Realidade?" "Qual é o som da sua mão?" "Interrompa o soar do sino distante" – como isso pode ser feito? "Quando perguntaram 'O que é Buda?', Ummon respondeu: 'Estrume seco!'" – o que isso significa?[20] Às vezes, os koans parecem se contradizer. Quando perguntaram: "O que é Buda?", Ba-so respondeu: "Esta mente é Buda", mas em outra ocasião ele disse: "Esta mente não é Buda".

Em intervalos regulares, o monge se dirige ao *roshi* para uma entrevista (*sanzen*), em que se espera que demonstre a visão do *koan* que foi designado a ele. Isso não deve ser feito por meio de uma explicação prolixa, mas por algum tipo de ação direta ou indicação direta

---

20. A resposta de Ummon às vezes é traduzida, "O raspador de sujeira seca".

da Realidade no verdadeiro estilo zen. O *roshi* responde da mesma maneira, às vezes com um comentário lacônico, às vezes com silêncio, às vezes com uma pancada na cabeça do monge com o grande bastão que está diante dele – todas essas medidas são parte de sua tática de choque espiritual. Normalmente, o monge entende o significado de seu *koan* repentinamente, com a experiência de um lampejo de *insight* denominado *satori*, e isso pode ocorrer durante a meditação, durante o *sanzen* ou enquanto ele está realizando seu trabalho comum. Nós vemos a Realidade repentinamente porque não existe um método real ou sucessão de estágios para abordá-la.

Existem cerca de 1.700 koans e, aproximadamente, são necessários cinquenta para um treinamento zen completo. Parece que os vários tipos de koans são usados para se livrar dos diferentes tipos de conceitualismo e fixação mental e, assim, para revelar diferentes "aspectos" da compreensão plena do zen. Koans mais avançados têm a ver com a maneira pela qual a Realidade se manifesta na vida e na ação. Mas é quase impossível discutir esse assunto de forma proveitosa, uma vez que apenas a experiência pode dar sentido a eles. No decorrer dos séculos, a meditação com *koan* tornou-se uma arte da mais profunda sutileza, embora muito se possa aprender com a atitude geral do zen, independentemente do trabalho com o *za-zen*.

Os efeitos culturais do zen

O zen foi incorporado a muitos aspectos da vida do Extremo Oriente – pintura, arquitetura, jardinagem, cavalaria, cerimônia do chá, etiqueta, poesia e ética. O zen afeta todas as esferas da vida diária, desde a arte de governar até o trabalho braçal do trabalhador. Como diz um poeta zen:

> Que maravilhoso, que milagroso, isso –
> eu tiro água e carrego combustível!

Seus efeitos morais são profundos, mas não óbvios, pois a ideia oriental de bondade não é tão autocentrada e assertiva quanto a ocidental. Como disse Lao-tzu, o homem sábio esconde sua virtude e aparenta ser um tolo, pois "a verdadeira graça [Te] não se mostra como graça e, dessa maneira, é graça; a falsa graça é tão consciente de si mesma como graça que não é graça". O zen produz milhares de bodisatvas que não fazem propaganda de si mesmos.

Os efeitos mais óbvios do zen estão no reino da estética. A arte chinesa dos períodos T'ang, Sung e Yuan, a pintura japonesa de Sesshu e a Escola Sumiye, a arte de jardinagem de Kobori Enshiu, a poesia haiku de Basho e outros – todas inspiraram-se diretamente no zen, ou em um taoismo com sabor zen. Três características principais da arte do Extremo Oriente exemplificam aspectos da vida zen:

1. Ausência de simetria. Os fenômenos da natureza raramente têm forma simétrica; quando muito, há apenas uma aproximação da simetria absoluta, e o zen percebe nesse fato a qualidade viva e dinâmica da natureza. A simetria é um estado de equilíbrio tão perfei-

to que o movimento não é mais possível; uma forma tão equilibrada assim está morta e, portanto, a forma simétrica é análoga àquela fixação mental e emocional que no zen é sempre quebrada. É por esta razão que as pinturas chinesas e japonesas raramente são arquitetônicas e feitas em madeira. Seus desenhos de pássaros não transmitem nenhuma sensação de empalhamento ou de redoma de vidro, e as próprias rochas e montanhas parecem fluir. Como disse um poeta ocidental:

> As colinas são sombras, e elas fluem
> De forma para forma, e nada permanece imóvel.

2. O uso da vacuidade. À medida que o zen percebe as formas de vida dentro de Sunyata, o mistério do Vazio que tudo inclui, a pintura chinesa faz o maior uso do fundo vazio, de grandes extensões de névoa, para sugerir profundidade. Os espaços vazios da pintura chinesa não são um *mero* vazio; eles são criativos e sugestivos, estimulando a imaginação e dando uma clareza e uma vivacidade surpreendentes aos objetos desenhados, em contraste a eles e dentro deles. O gosto zen deplora a desordem

de uma imagem ou de uma sala com muitos objetos. Gosta de tomar um espaço vazio e, dentro dele, concentrar a atenção em um ponto – como o koan jogado no poço tranquilo da mente, como o ponto único do momento vivo dentro da vacuidade do passado e do futuro.

3. A qualidade instantânea. Isso também pode ser chamado de qualidade temporária, pois a arte chinesa e a japonesa adoram retratar momentos da vida, como se o pintor tivesse apenas vislumbrado seu tema por um segundo. Um pato é pintado no ato de pousar, ou hastes de bambus captadas no momento em que são tocadas por uma rajada de vento repentina. Os próprios materiais da arte – pincel, tinta e papel de seda ou papel absorvente – exigem uma técnica rápida e um fluxo uniforme. Como na própria vida, um traço, uma vez feito, nunca pode ser retocado. O zen, como Suzuki aponta,

> não permite, por assim dizer, ossificação de um dado momento. Ele capta cada momento à medida que nasce de Sunyata, ou seja, da Vacuidade, de acordo com a filosofia budista. A momentaneidade é, por-

tanto, característica dessa filosofia. Cada momento é absoluto, vivo e significativo. O sapo pula, o grilo canta... uma brisa toca os galhos do pinheiro... O budismo é rápido em captar cada movimento da natureza e expressa suas impressões em um poema de dezessete sílabas ou em algumas poucas pinceladas[21].

---

21. *Buddhist philosophy and its effects on the life and thought of the Japanese people*. Kokusai Bunka Shinkokai, Tokyo, 1936, p. 26.

Conclusão

O leitor ocidental não deve deduzir do que foi dito acima que o zen é um esteticismo descontraído, uma filosofia de desacelerar e seguir o fluxo dos eventos. O zen também foi a religião dos guerreiros que o aplicaram no campo de batalha, no exato momento de perigo:

> Sob a espada erguida bem ao alto
> Está o inferno, fazendo você tremer.
> Mas vá em frente! –
> E ali adiante está a Terra da Bem-aventurança.

A momentaneidade do zen está acima e além dos dois extremos equivocados de lentidão e pressa, em um surpreendente equilíbrio, não com rigidez, mas um equilíbrio em movimento, que não é o da estátua, mas o do dançarino. Este é o equilíbrio da própria Realidade viva, do Motor que não se move, do redemoinho com o coração em paz.

Em essência, o zen não envolve nenhuma doutrina. É uma experiência da Realidade além da doutrina, razão pela qual o zen pode ser útil para pessoas de qualquer religião. Há que se duvidar, entretanto, da possibilidade de alguém basear sua vida apenas no zen puro e essencial, pois como um culto religioso específico, o zen emprega formas e símbolos, e a estrutura normal da religião budista, pois a vida pura se expressa dentro e por meio da estrutura. A vida sem estrutura é invisível; é o Absoluto não manifestado. Mas a estrutura sem vida está morta, e a religião tem, como um todo, muito dessa morte.

A consciência religiosa comum se fixa demais e tem muito pouca fé no fato presente real da Vida da vida como a realidade que mais absorve todas as coisas e que mais se evidencia em toda a nossa existência.

> Como o espaço, não conhece fronteiras; No entanto, está bem aqui conosco, sempre mantendo sua serenidade e plenitude;
> E só quando busca que você a perde.
> Não é possível segurá-la, nem se livrar dela;
> Mas mesmo assim, ela segue seu próprio caminho;
> Você permanece em silêncio e ela fala; você fala e ela silencia;
> O grande portão da caridade está totalmente aberto, sem nenhuma obstrução diante dele[22].

---

22. HSUAN-CHIAO. Cheng-tao Ke, 34. In: SUZUKI, D.T. *Manual of Zen*, p. 115.

Referências

ANESAKI, M. *History of Japanese religion*. Londres, 1930.

CHU CH'AN. *The Huang Po doctrine of universal mind*. Londres, 1947.

ELIOT, C. *Japanese Buddhism*. Londres, 1935.

FIRST ZEN INSTITUTE OF AMERICA. *Cat's Yawn*. Nova York, 1947.

GATENBY, E.V. *The cloud men of Yamato*. Londres, 1929.

GROSSE, E. *Die Ostasiatische Tuschmalerei*. Berlim, 1923.

HU SHIH. "The Development of Zen Buddhism in China". *Chinese Political and Social Review*, vol. 15, n. 4, jan. 1932.

NUKARIYA, K. *The Religion of the Samurai*. Londres, 1913.

OHASAMA, S. & FAUST, A. *Zen, der lebendige Buddhismus in Japan*. Gotha, 1925.

OKAMURA, K. *The book of tea*. Nova York, 1926.

SENZAKI, N. & REPS, P. *The gateless gate*. Los Angeles, 1934.

SENZAKI, N. & REPS, P. *101 Zen Stories*. Filafélfia, s.d.

SHAKU, S. *Sermons of a Buddhist abbot*. Chicago, 1906.

STEINILBER-OBERLIN, E. & MATSUO, K. *Les Sectes boudhiques japonaises*. Paris, 1930.

SUZUKI, B.L. *Mahayana Buddhism*. Londres, 1938.

SUZUKI, D.T. *Essays in Zen Buddhism*. 3 vols. Londres/Kyoto, 1927, 1933, 1934 [*Die Grosse Befreiung*. Leipzig, 1939 – tradução alemã com introdução de C.G. Jung].

SUZUKI, D.T. *An introduction to Zen Buddhism*. Kyoto, 1934.

SUZUKI, D.T. *The training of the Zen Buddhist monk*. Kyoto, 1934.

SUZUKI, D.T. *Manual of Zen Buddhism* – Selections from original texts. Kyoto, 1935.

SUZUKI, D.T. *Zen Buddhism and its influence on Japanese culture*. Kyoto, 1938.

WATTS, A. *The spirit of Zen*. Londres, 1948.

WATTS, A. *The collected letters of Alan Watts*. Novato: New World Library, 2017 [editadas por Joan Watts e Anne Watts].

WONG MOU-LAM. *The Sutra of Wei Lang (or Hui-neng)*. Londres, 1944.

Desenhos e símbolos

Página de título: caractere chinês para “Zen”.

p. 23: Bodhidharma, após a pintura de Soga Jasoku. Japonês, século XV.

p. 31: A palavra AUM ou OM, escrita em sânscrito. Esta palavra é empregada tanto no hinduísmo quanto no budismo Mahayana para denotar a Realidade última.

p. 37: Caractere chinês para “Tao”.

p. 43: O símbolo chinês yang-yin, que denota a manifestação do Tao nos pares de opostos – claro e escuro, vida e morte, masculino e feminino, positivo e negativo.

p. 49: Bambu, após a pintura de Chu Lu (1553-1632). Chinês. Muitas referências ao bambu aparecem na literatura zen e é um dos temas favoritos dos pintores zen. Um versículo que descreve a vida zen diz: "As sombras do bambu estão varrendo as escadas, mas nenhuma poeira é levantada".

p. 65: Caracteres chineses para "wu hsin" ("mushin" em japonês), literalmente – "destituído de mente". Este é um termo especial para a consciência zen que é impossível traduzir em inglês. Pode-se dizer que toda a arte do zen consiste em aprender a compreender a diferença entre wu hsin e a mera mente vazia ou inconsciente. Wu hsin é o equivalente psicológico de Sunyata, o vazio "sólido" ou criativo que produz e envolve o universo sem esforço.

p. 71: O cortador de bambu, supostamente representando Huineng, o Sexto Patriarca. Após a pintura de Liang K'ai. Chinês, século XIII.

p. 77: De um autógrafo do falecido Abade Kozuki de Empukuji, Kyoto. Dentro do círculo do Vazio (Sunyata) está escrito: "Coisa nenhuma dentro".

Conecte-se conosco:

facebook.com/editoravozes

@editoravozes

@editora_vozes

youtube.com/editoravozes

+55 24 99267-9864

www.vozes.com.br

Conheça nossas lojas:

www.livrariavozes.com.br

Belo Horizonte – Brasília – Campinas – Cuiabá – Curitiba
Fortaleza – Juiz de Fora – Petrópolis – Recife – São Paulo

EDITORA VOZES LTDA.
Rua Frei Luís, 100 – Centro – Cep 25689-900 – Petrópolis, RJ
Tel.: (24) 2233-9000 – E-mail: vendas@vozes.com.br